la escuela - школа	2
el viaje - путовање	5
el transporte - транспорт	8
la ciudad - град	10
el paisaje - пејсаж	14
el restaurante - ресторан	17
el supermercado - супермаркет	20
las bebidas - напитци	22
la comida - јело	23
la granja - сеоско газдинство	27
la casa - кућа	31
la sala - дневна соба	33
la cocina - кухиња	35
el cuarto de baño - купаоница	38
la habitación de los niños - дечија соба	42
la ropa - одећа	44
la oficina - канцеларија	49
la economía - економија	51
los oficios - занимања	53
las herramientas - алати	56
los instrumentos musicales - музички инструмент	57
el zoo - зоолошки врт	59
los deportes - спорт	62
las actividades - активности	63
la familia - породица	67
el cuerpo - тело	68
el hospital - болница	72
la urgencia - хитни случај	76
la tierra - земља	77
hora(s) - сат	79
la semana - седмица	80
el año - година	81
las formas - облици	83
colores - боје	84
los opuestos - супротности	85
los números - бројеви	88
los idiomas - језици	90
quién / qué / cómo - ко / шта / како	91
dónde - где	92

Impressum
Verlag: BABADADA GmbH, Nedderfeld 112 , 22529 Hamburg
Geschäftsführer / Verlagsleitung: Harald Hof
Druck: Books on Demand GmbH, In de Tarpen 42, 22848 Norderstedt

Imprint
Publisher: BABADADA GmbH, Nedderfeld 112 , 22529 Hamburg, Germany
Managing Director / Publishing direction: Harald Hof
Print: Books on Demand GmbH, In de Tarpen 42, 22848 Norderstedt, Germany

la escuela

школа

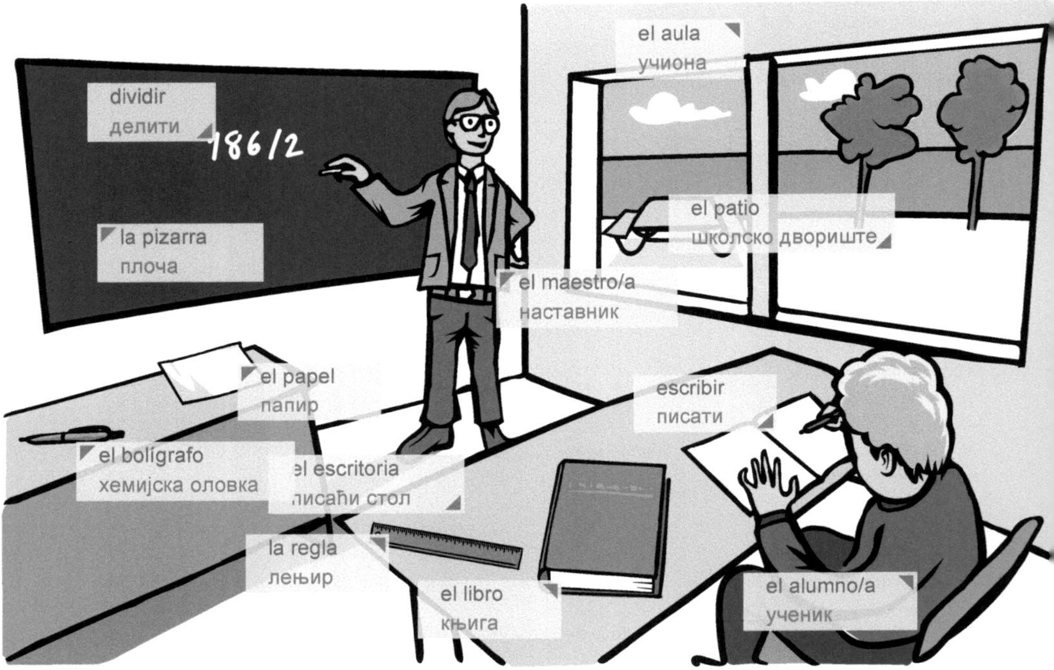

el aula
учиона
dividir
делити
186/2
la pizarra
плоча
el patio
школско двориште
el maestro/a
наставник
el papel
папир
escribir
писати
el bolígrafo
хемијска оловка
el escritoria
писаћи стол
la regla
лењир
el libro
књига
el alumno/a
ученик

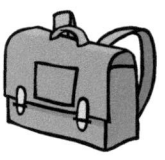

la cartera

торба

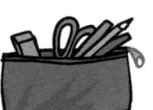

la caja de lápices

перница

el lápiz

графитна оловка

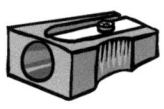

el sacapuntas

шиљило за оловке

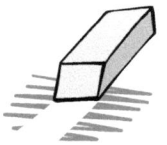

la goma de borrar

гумица за брисање

el cuaderno de dibujo

блок за цртање

el dibujo

цртеж

el pincel

кист

la caja de pinturas

кутија са бојама

las tijeras

маказе

el pegamento

лепило

el cuaderno de ejercicios

бележница

los deberes

домаћи задатак

el número

број

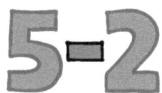

sumar

сабирати

restar

одузимати

multiplicar

множити

calcular

рачунати

la letra

слово

el alfabeto

абецеда

la palabra

реч

el texto

текст

leer

читати

la tiza

креда

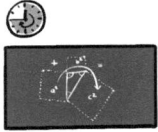

la lección

час

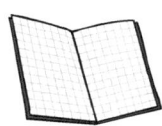

el cuaderno de notas

дневник

el examen

испит

el certificado

сведочанство

el uniforme

школска униформа

la educación

образовање

la enciclopedia

лексикон

la universidad

универзитет

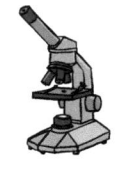

el microscopio

микроскоп

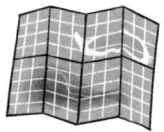

el mapa

карта

la papelera

кошара за папир

el viaje

путовање

el hotel
хотел
Grand
el albergue
преноћиште
ROOMS
EXCHANGE
oficina de cambio de divisas
њачница
la maleta
кофер
el coche
ауто

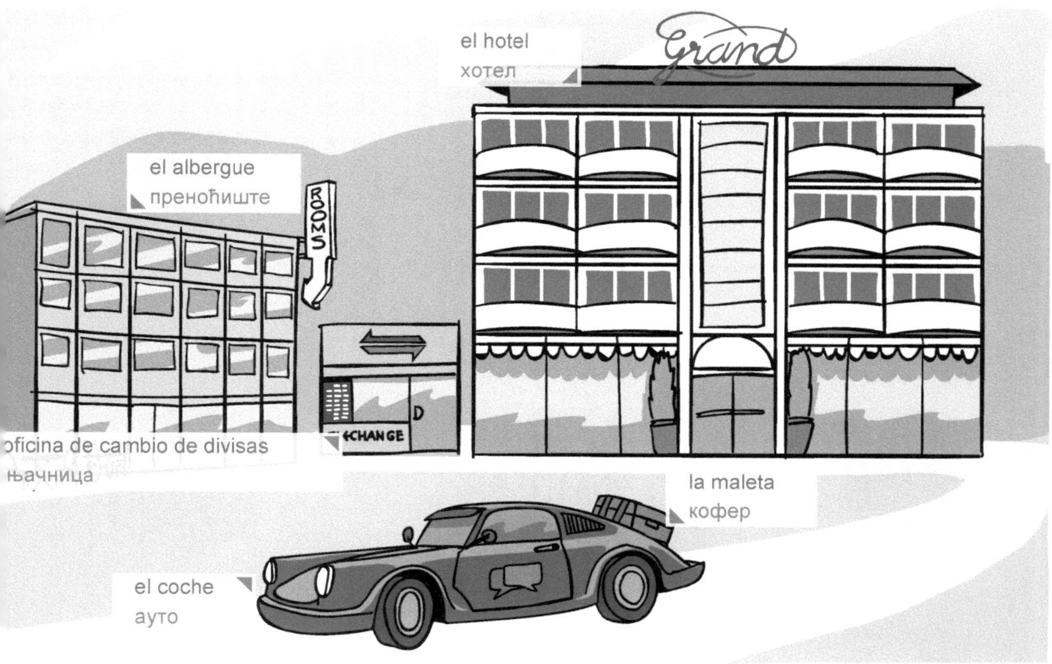

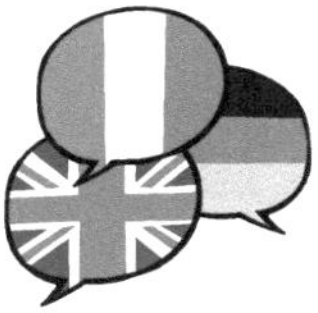

el idioma

језик

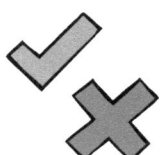

sí / no

да / не

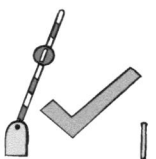

Vale

океј

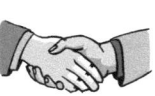

hola

здраво

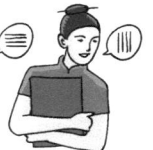

el traductor

преводилац

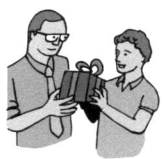

Gracias

хвала

¿cuánto es…?

Колико кошта…?

No entiendo

не разумем

el problema

проблем

¡Buenas tardes!

добро вече!

¡Buenos días!

Добро јутро!

¡Buenas noches!

Лаку ноћ!

adiós

довиђења

la dirección

смер

el equipaje

пртљага

la bolsa

торба

la mochila

руксак

el invitado

гост

la habitación

соба

el saco de dormir

врећа за спавање

la tienda de campaña

шатор

la información turística

туристичке информације

la playa

плажа

la tarjeta de crédito

кредитна картица

el desayuno

доручак

el almuerzo

ручак

la cena

вечера

el billete

карта за вожњу

el ascensor

лифт

el sello

поштанска маркица

la frontera

граница

la aduana

царина

la embajada

амбасада

la visa

виза

el pasaporte

пасош

el transporte
транспорт

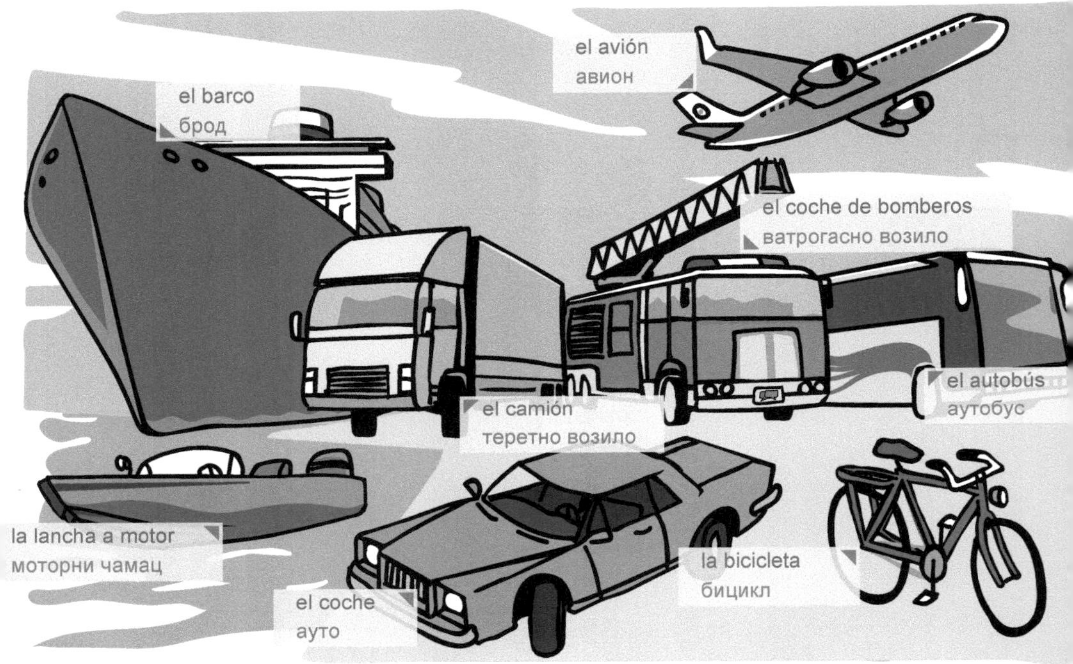
el avión
авион
el barco
брод
el coche de bomberos
ватрогасно возило
el autobús
аутобус
el camión
теретно возило
la lancha a motor
моторни чамац
la bicicleta
бицикл
el coche
ауто

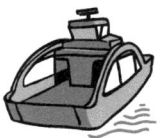

el transbordador

трајект

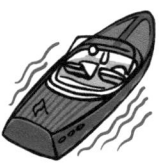

la barca

чамац

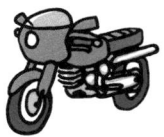

la moto

мотоцикл

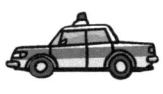

el coche de policía

полицијски ауто

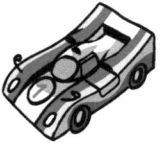

el coche de carreras

тркаћи ауто

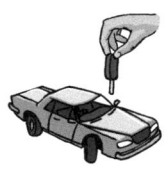

el coche de alquiler

изнајмљено ауто

el préstamo de vehículos

дељење аутомобила

la grúa

вучно возило

el camión de la basura

возило за одвоз смећа

el motor

мотор

la gasolina

бензин

la gasolinera

бензинска станица

la señal de tráfico

саобраћајни знак

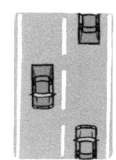

el tráfico

саобраћај

el atasco

застој

el aparcamiento

паркиралиште

la estación de tren

железничка станица

las vías

шине

el tren

воз

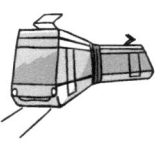

el tranvía

трамвај

el vagón

вагон

el helicóptero

хеликоптер

el aeropuerto

аеродром

la torre

кула

el pasajero

путник

el contenedor

контејнер

la caja de cartón

картон

la carretilla

колица

la cesta

корпа

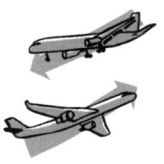

despegar / aterrizar

узлетети / слетети

la ciudad
град

el pueblo

село

el centro de la ciudad

центар града

la casa

кућа

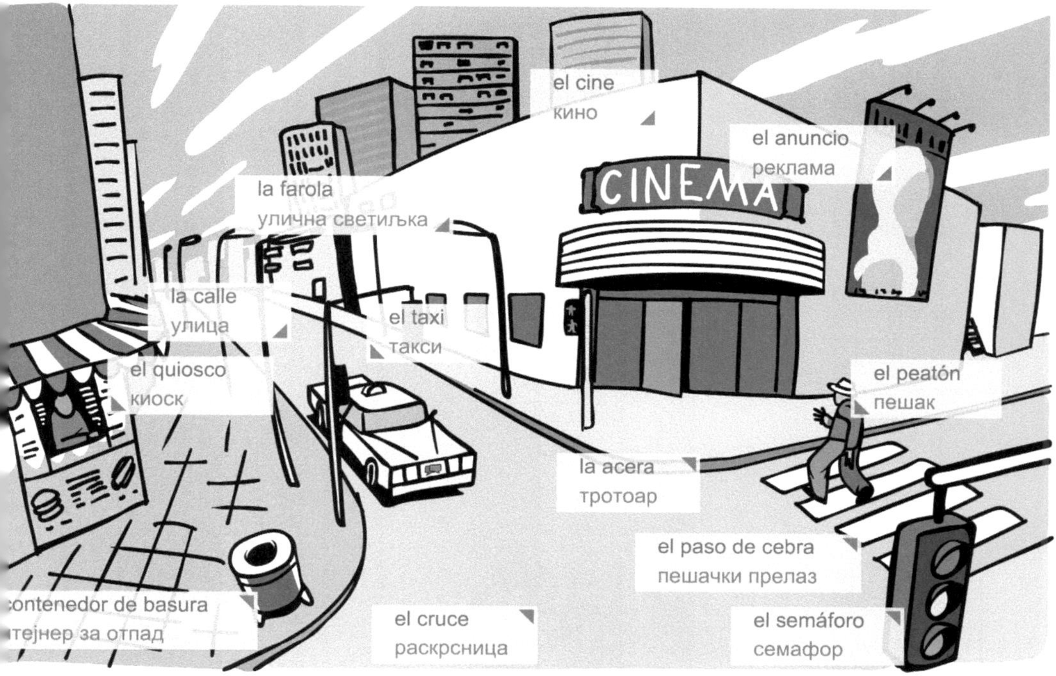

el cine
кино

el anuncio
реклама

la farola
улична светиљка

CINEMA

la calle
улица

el taxi
такси

el quiosco
киоск

el peatón
пешак

la acera
тротоар

el paso de cebra
пешачки прелаз

contenedor de basura
тејнер за отпад

el cruce
раскрсница

el semáforo
семафор

la cabaña
колиба

el apartamento
стан

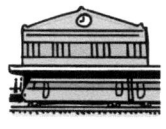

la estación de tren
железничка станица

el ayuntamiento
већница

el museo
музеј

la escuela
школа

la universidad

универзитет

el banco

банка

el hospital

болница

el hotel

хотел

la farmacia

апотека

la oficina

канцеларија

la librería

књижара

la tienda de campaña

продавница

la floristería

цвећара

el supermercado

супермаркет

el mercado

трг

los grandes almacenes

робна кућа

la pescadería

рибарница

el centro comercial

трговачки центар

el puerto

лука

el parque

парк

el banco

клупа

el puente

мост

las escaleras

степенице

el metro

подземна железница

el túnel

тунел

la parada de autobús

аутобуска станица

el bar

бар

el restaurante

ресторан

el buzón

поштанско сандуче

el poste indicador

улични знак

el parquímetro

паркирни аутомат

el zoo

зоолошки врт

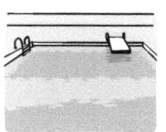

la piscina

базен

la mezquita

џамија

la granja

сеоско газдинство

la contaminación

загађење околине

el cementerio

гробље

la iglesia

црква

el patio de juego

игралиште

el templo

храм

el paisaje
пејсаж

la hoja
лист

la señal
путоказ

el camino
пут

el prado
ливада

la piedra
камен

el excursionista
шетач

el árbol
дрво

el río
река

la hierba
трава

la flor
цвет

el valle

долина

la colina

планина

el lago

језеро

el bosque

шума

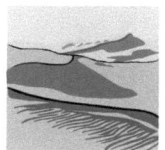

el desierto

пустиња

el volcán

вулкан

el castillo

дворац

el arcoíris

дуга

el champiñón

гљива

la palmera

палма

el mosquito

москито

la mosca

мува

la hormiga

мрав

la abeja

пчела

la araña

паук

el escarabajo

буба

la rana

жаба

la ardilla

веверица

el erizo

јеж

la liebre

зец

la lechuza

сова

el pájaro

птица

el cisne

лабуд

el jabalí

дивља свиња

el ciervo

јелен

el alce

лос

la presa

насип

la turbina eólica

ветрењача

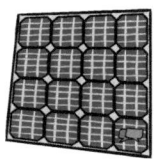

el panel solar

соларна плоча

el clima

клима

el restaurante

ресторан

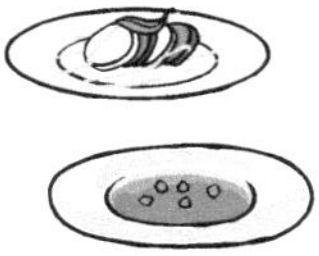

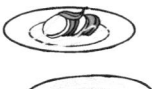

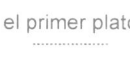

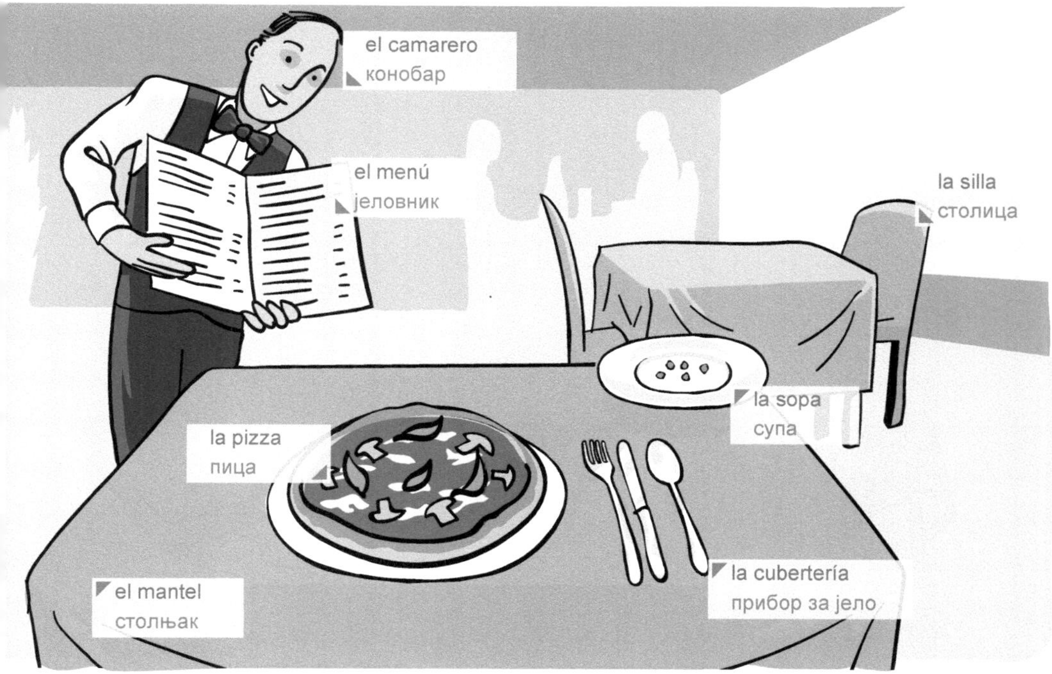

el camarero
конобар
el menú
јеловник
la silla
столица
la sopa
супа
la pizza
пица
el mantel
стољњак
la cubertería
прибор за јело

el primer plato

предјело

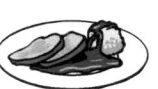

el plato principal

главно јело

el postre

десерт

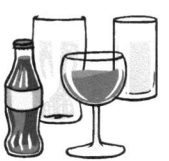

las bebidas

напитци

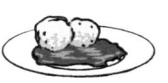

la comida

јело

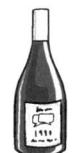

la botella

флаша

la comida rápida

брза храна

la comida callejera

имбис храна

la tetera

чајник

el azucarero

доза за шећер

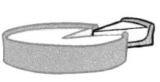

la porción

порција

la cafetera expreso

апарат за еспресо

la trona

висока столица

la cuenta

рачун

la bandeja

послужавник

el cuchillo

нож

el tenedor

виљушка

la cuchara

кашика

la cucharilla

чајна кашика

la servilleta

салвета

el vaso

чаша

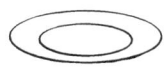

el plato

тањир

el plato hondo

тањир за супу

el platillo

тањирић

la salsa

сос

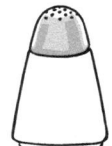

el salero

сољенка

el molinillo de pimienta

млин за бибер

el vinagre

сирће

el aceite

уље

las especias

зачини

el ketchup

кечап

la mostaza

сенф

la mayonesa

мајонеза

el supermercado

супермаркет

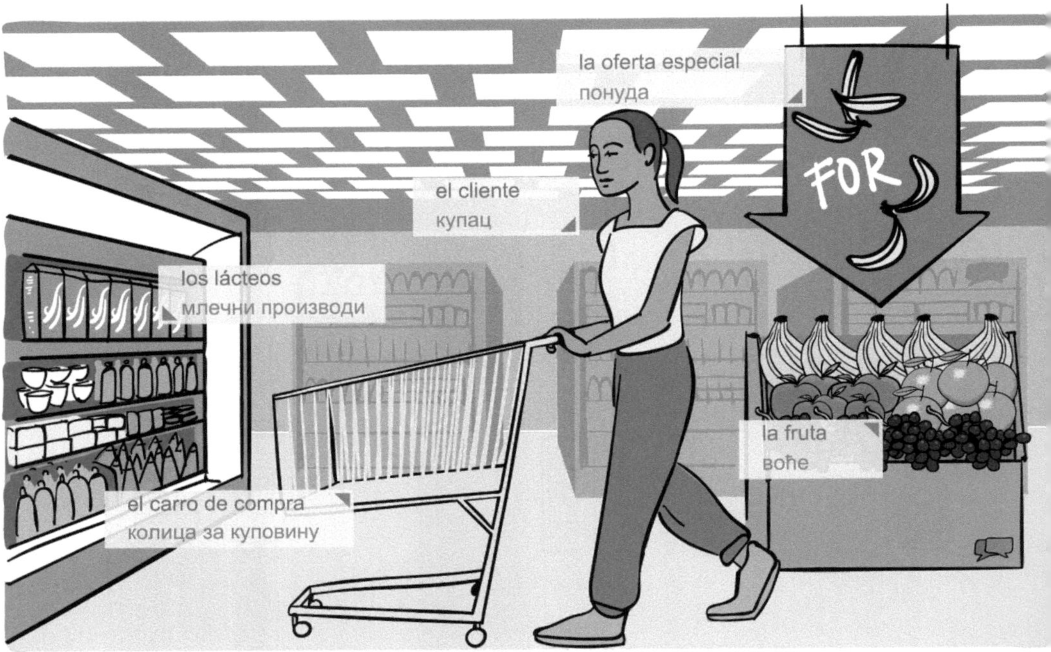

la oferta especial
понуда
FOR
el cliente
купац
los lácteos
млечни производи
la fruta
воће
el carro de compra
колица за куповину

BUTCHERS

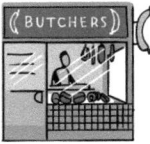

la carniceria

месница

BAKERY

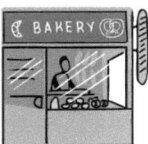

la panadería

пекара

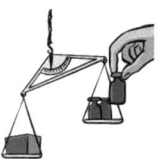

pesar

вагати

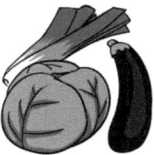

las verduras

поврће

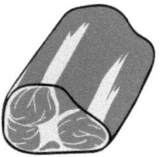

la carne

месо

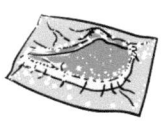

los alimentos congelados

смрзнута храна

los fiambres

нарезак

las conservas

конзерве

el detergente en polvo

средство за прање

los dulces

слаткиши

productos de uso doméstico

артикли за домаћинство

productos de limpieza

средства за чишћење

la vendedora

продавачица

la caja de cartón

благајна

el cajero

благајник

la lista de la compra

листа за куповину

el horario de atención al público

време рада

la cartera

новчаник

la tarjeta de crédito

кредитна картица

la bolsa de plástico

торба

la bolsa de plástico

пластична кеса

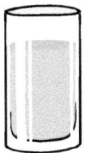

el agua

вода

el zumo

сок

la leche

млеко

la cola

кола

el vino

вино

la cerveza

пиво

el alcohol

алкохол

el cacao

какао

el té

чај

el café

кава

el expreso

еспресо

el capuchino

капучино

el plátano

банана

la manzana

jабука

la naranja

наранџа

el melón

лубеница

el limón

лимун

la zanahoria

шаргарепа

el ajo

бели лук

el bambú

бамбус

la cebolla

лук

el champiñón

гљива

las avellanas

орашасти плодови

los fideos

резанци

las espagueti

шпагете

el arroz

рижа

la ensalada

салата

las patatas fritas

помфрит

las patatas fritas

печени крумпир

la pizza

пица

la hamburguesa

хамбургер

el sándwich

сендвич

el filete

шницла

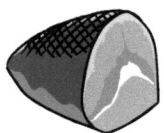

el jamón

шунка

le salami

салама

la salchicha

кобасица

el pollo

кокош

el asado

печење

el pescado

риба

los copos de avena

зобене пахуљице

el muesli

мусли

los copos de maíz

кукурузне пахуљице

la harina

брашно

el cruasán

кроасан

el panecillo

пециво

el pan

хлеб

la tostada

тоаст

las galletas

кекси

la mantequilla

маслац

la cuajada

свежи сир

el pastel

колач

el huevo

jaje

el huevo frito

jaje на око

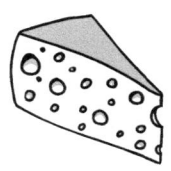

el queso

сир

el helado

сладолед

el azúcar

шећер

la miel

мед

la mermelada

мармелада

la crema de turrón

нугат крема

el curry

кари

la comida - jelo

la granja
сеоско газдинство

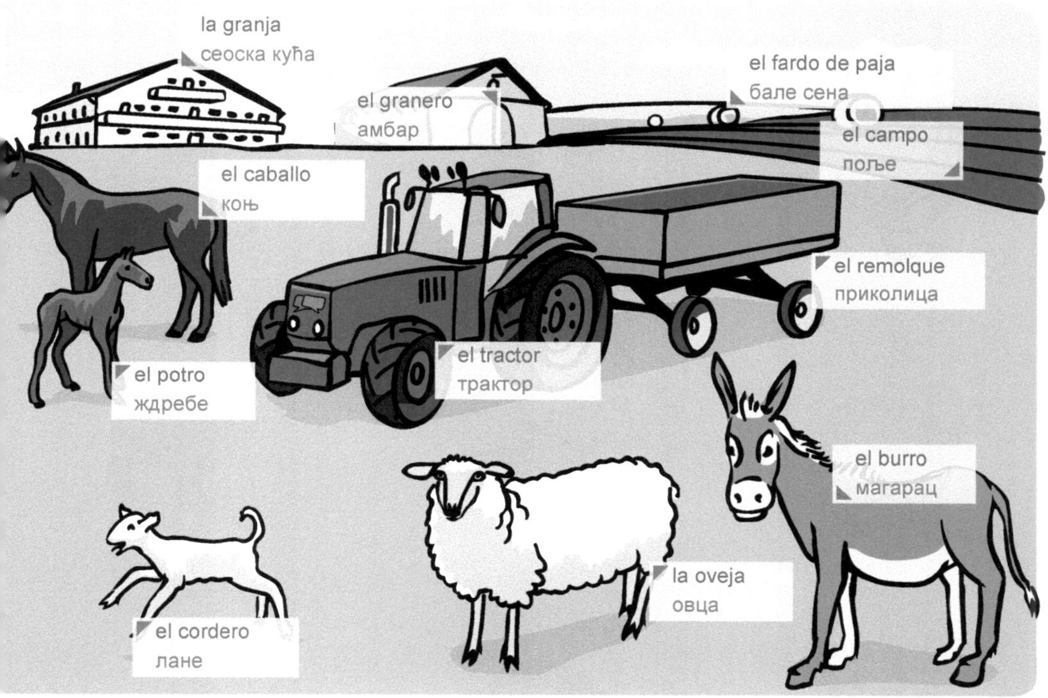

la granja
сеоска кућа
el granero
амбар
el fardo de paja
бале сена
el campo
поље
el caballo
коњ
el remolque
приколица
el tractor
трактор
el potro
ждребе
el burro
магарац
la oveja
овца
el cordero
лане

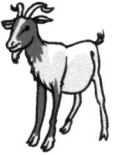

la cabra
....
коза

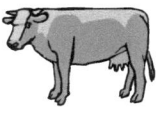

la vaca
....
крава

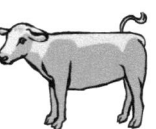

el ternero
....
теле

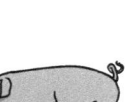

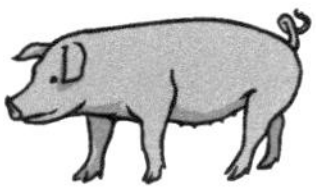

el cerdo
....
свиња

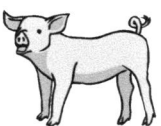

el cerdito
....
прасе

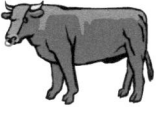

el toro
....
бик

el ganso
гуска

el pato
патка

el pollo
пилићи

la gallina
кокош

el gallo
петао

la rata
пацов

el gato
мачка

el ratón
миш

el buey
вол

el perro
пас

la perrera
кућица за пса

la manguera
вртно црево

la regadera
канта за поливање

la guadaña
коса

el arado
плуг

la hoz

срп

la azada

мотика

la horca

виљушка за ђубриво

el hacha

секира

la carretilla

тачке

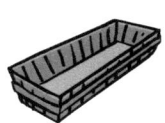

el abrevadero

корито

la lechera

посуда за млеко

el saco

врећа

la valla

ограда

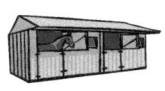

el establo

штала

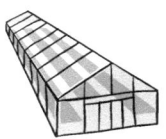

el invernadero

стакленик

el suelo

земља

la semilla

семе

el fertilizador

ђубриво

la cosechadora

комбајн

cosechar

жети

la cosecha

жетва

el ñame

јамс зачин

el trigo

пшеница

el soja

соја

la patata

крумпир

el maíz

кукуруз

la semilla de colza

уљана репица

el árbol frutal

воћка

la mandioca

гомољ маниоке

las cereales

житарице

la casa
кућа

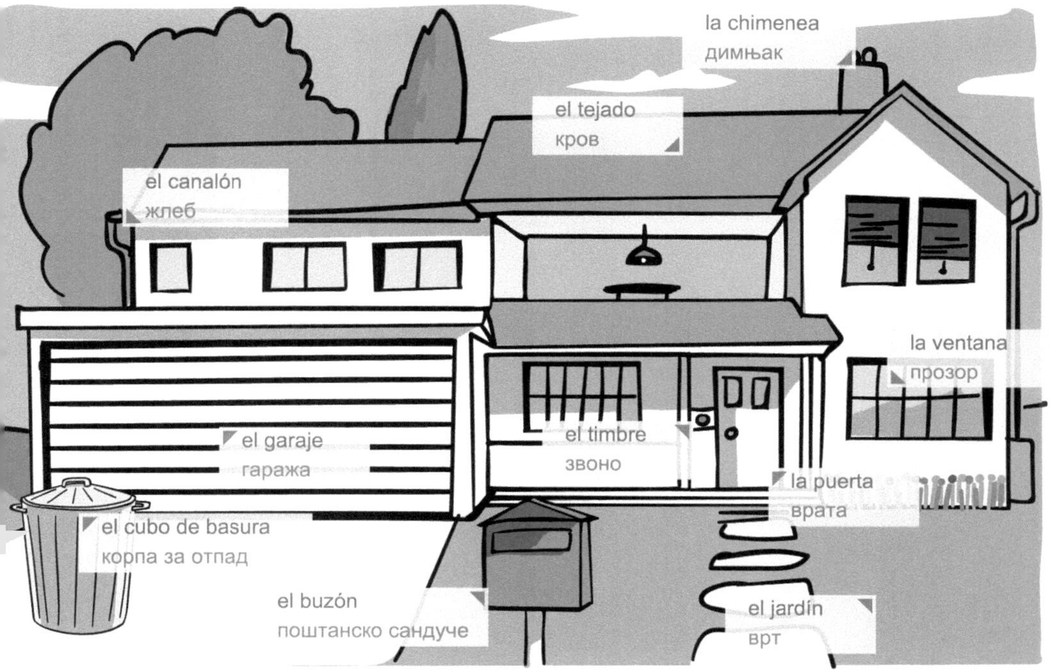
la chimenea
димњак
el tejado
кров
el canalón
жлеб
la ventana
прозор
el garaje
гаража
el timbre
звоно
la puerta
врата
el cubo de basura
корпа за отпад
el buzón
поштанско сандуче
el jardín
врт

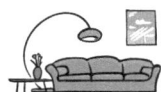

la sala

дневна соба

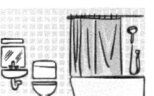

el cuarto de baño

купаоница

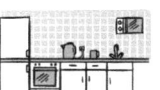

la cocina

кухиња

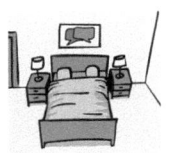

el dormitorio

спаваћа соба

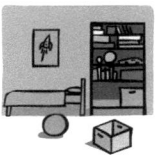

la habitación de los niños

дечија соба

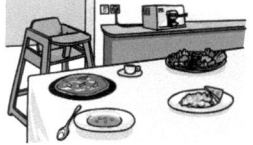

el comedor

трпезарија

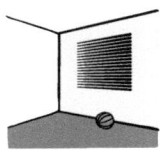

el suelo

под

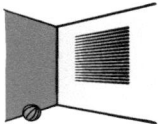

la pared

зид

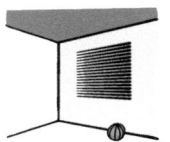

el techo

строп

el sótano

подрум

la sauna

сауна

el balcón

балкон

la terraza

тераса

la piscina

базен

el cortacésped

косилица за траву

la sábana

постељина за кревет

la colcha

дека за кревет

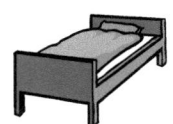

la cama

кревет

la escoba

метла

el balde

канта

el interruptor

прекидач

la sala

дневна соба

el papel pintado
тапета
la imagen
слика
la lámpara
светиљка
el estante
регал
el armario
ормар
la televisión
телевизија
la chimenea
камин
la flor
цвет
el cojín
јастук
el sofá
кауч
el jarrón
ваза
el mando a distancia
даљински управљач

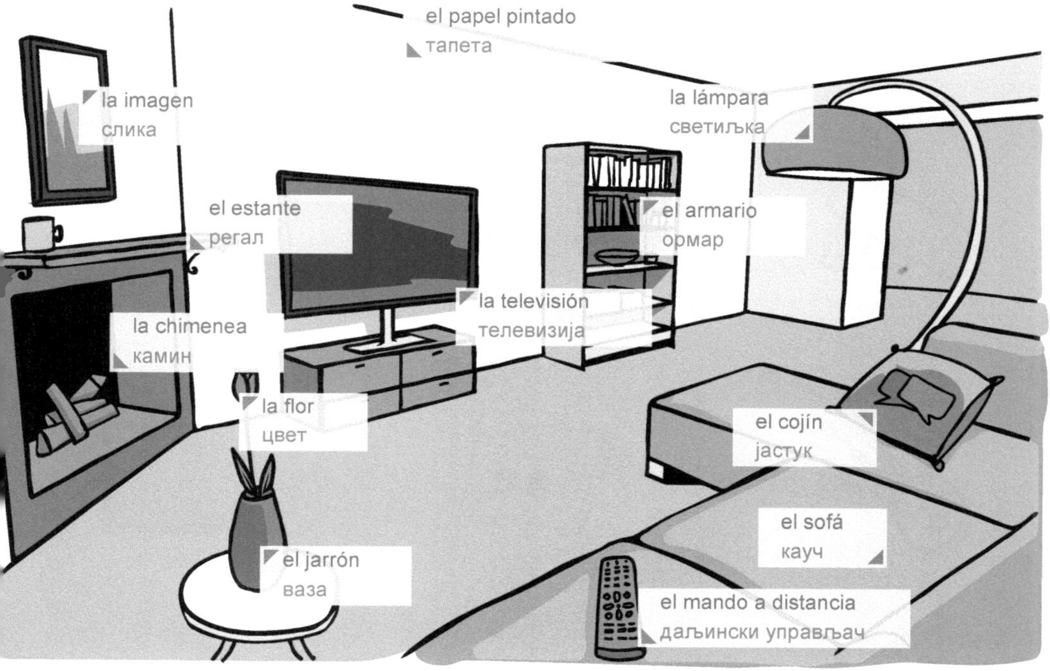

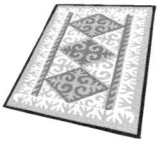

la alfombra

тепих

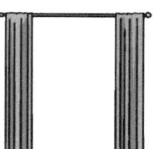

la cortina

завеса

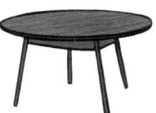

la mesa

сто

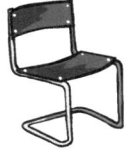

la silla

столица

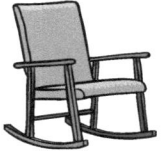

el mecedora

столица за њихање

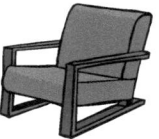

la butaca

фотеља

el libro

књига

la manta

дека

la decoración

декорација

la leña

дрво за огрев

la película

филм

el equipo de música

хи-фи уређај

la llave

кључ

el periódico

новине

la pintura

слика на платну

el póster

постер

la radio

радио

el cuaderno

блок за писање

la aspiradora

усисивач

el cactus

кактус

la vela

свећа

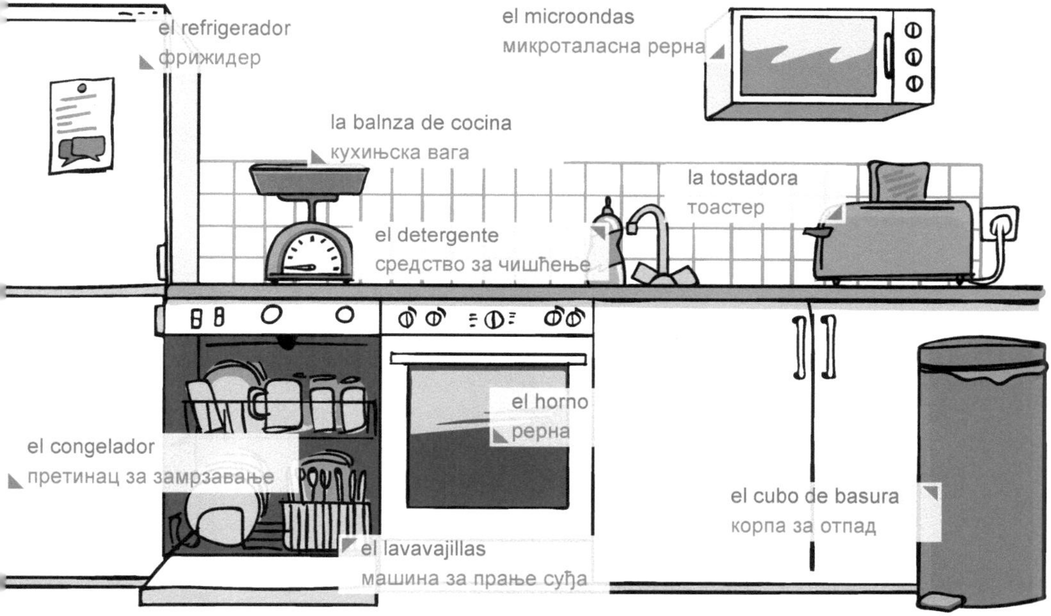

el refrigerador
фрижидер

el microondas
микроталасна рерна

la balnza de cocina
кухињска вага

la tostadora
тоастер

el detergente
средство за чишћење

el horno
рерна

el congelador
претинац за замрзавање

el cubo de basura
корпа за отпад

el lavavajillas
машина за прање суђа

la olla a presión
шпорет

la olla
лонац

la olla de hierro fundido
гвоздени лонац

el wok
вок / кадаи

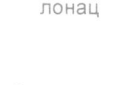

la cazuela
тава

el hervidor
кувало за воду

la vaporera

кувало на пару

la chapa de horno

лим за печење

la vajilla

посуђе

la taza

чаша

el tazón

посуда

los palillos

штапићи за јело

el cucharón

кутлача

la espumadera

лопатица

el batidor

пењача

el colador

сито за кување

el cedazo

сито

el rallador

рибеж

el mortero

мужар

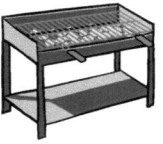

la barbacoa

роштиљ

la hoguera

огњиште

la tabla de picar

даска

el rodillo

оклагија

el sacacorchos

вадичеп

la lata

конзерва

el abrelatas

отварач конзерви

el agarrador

крпа за лонац

el lavabo

судопер

el cepillo

четка

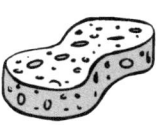

la esponja

сунђер

la batidora

миксер

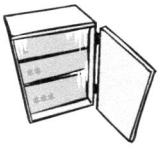

el congelador

замрзивач

el biberón

флашица за бебе

el grifo

славина за воду

el cuarto de baño
купаоница

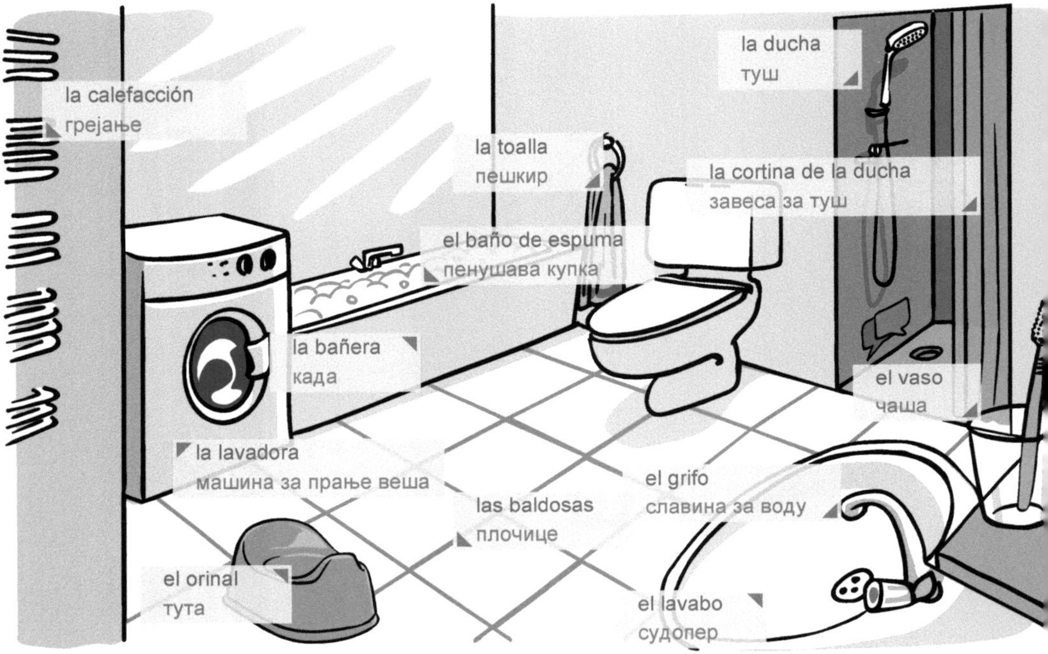

la calefacción
грејање
la ducha
туш
la toalla
пешкир
la cortina de la ducha
завеса за туш
el baño de espuma
пенушава купка
la bañera
када
el vaso
чаша
la lavadora
машина за прање веша
el grifo
славина за воду
las baldosas
плочице
el orinal
тута
el lavabo
судопер

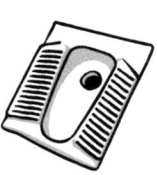

el inodoro
тоалет

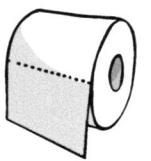

el inodoro rústico
чучавац

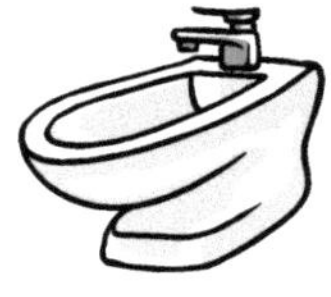
el bidé
бидет

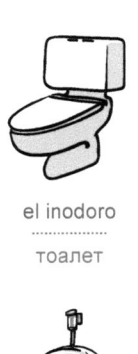

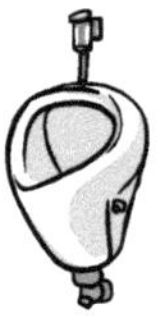
el urinario
писоар

el papel higiénico
тоалетни папир

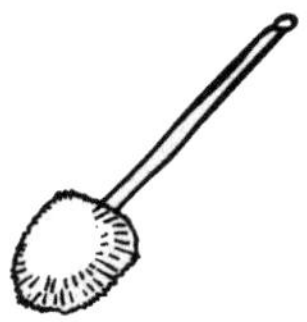
la escobilla del váter
четка за тоалет

el cepillo de dientes

четкица за зубе

la pasta de dientes

паста за зубе

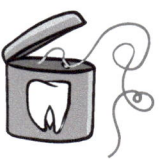

el hilo dental

конац за зубе

lavar

прати

la ducha de mano

туш ручица

la ducha íntima

туш за прање интимних делова

la pila

лавор

el cepillo de espalda

четка за прање леђа

el jabón

сапун

el gel de ducha

гел за туширање

el champú

шампон

la toallita

крпа за прање

el desagüe

одвод

la crema

крема

el desodorante

дезодоранс

el espejo

огледало

el espejo de tocador

козметичко огледало

la maquinilla de afeitar

бријач

la espuma de afeitar

пена за бријање

la loción postafeitado

лосион за после бријања

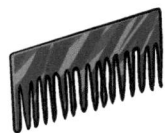

el peine

чешаљ

el cepillo

четка

el secador

фен за косу

la laca

спреј за косу

el maquillaje

шминка

el pintalabios

руж за усне

el pintauñas

лак за нокте

el algodón

вата

el cortauñas

маказе за нокте

el perfume

парфем

el estuche de viaje

козметичка торбица

la banqueta

столица

la balanza

вага

el albornoz

огртач

los guantes de goma

рукавице за чишћење

el tampón

тампон

la compresa

уложак

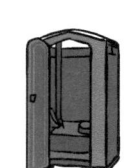

el inodoro químico

хемијски тоалет

la habitación de los niños

дечија соба

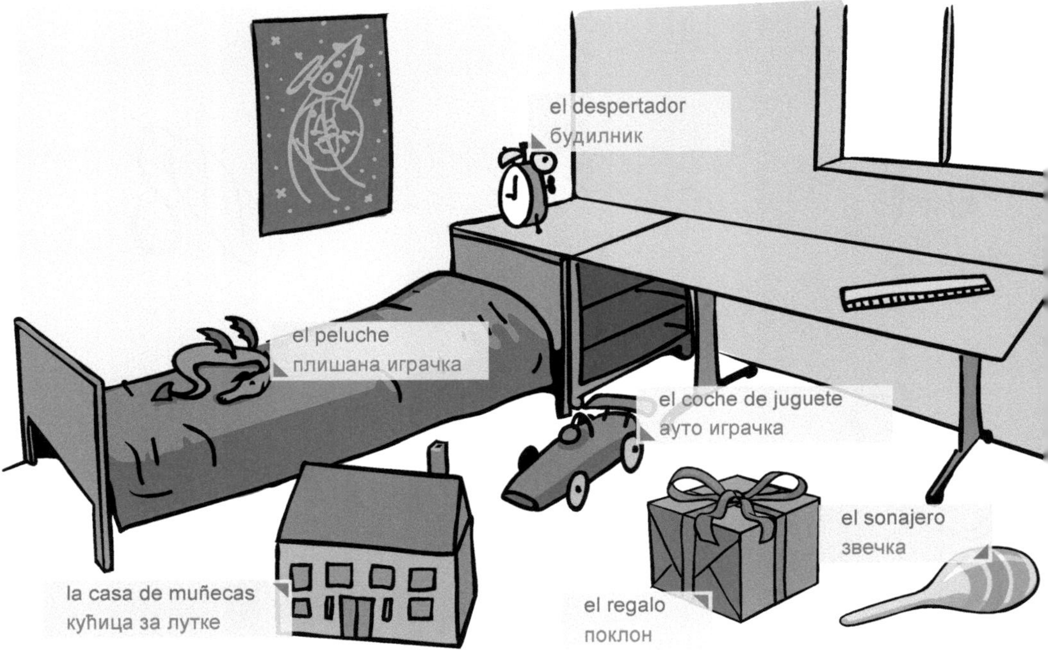

el despertador
будилник
el peluche
плишана играчка
el coche de juguete
ауто играчка
el sonajero
звечка
la casa de muñecas
кућица за лутке
el regalo
поклон

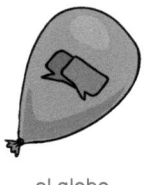

el globo

балон

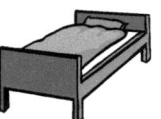

la cama

кревет

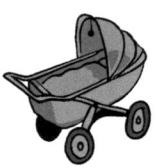

el coche de niño

дјечија колица

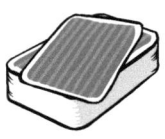

los naipes

игра са картама

el puzle

слагалица

SUPER MEGA

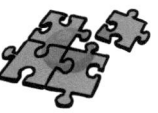

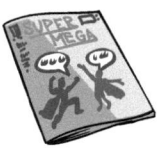

el tebeo

стрип

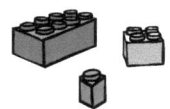

las piezas de lego

лего коцкице

los bloques de juguete

коцкице за слагање

la figura de acción

акциони јунак

el bodi (de bebé)

бенкица за бебе

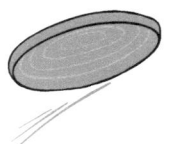

el frisbee

фризби

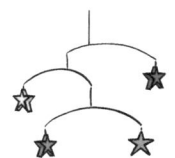

el colgador móvil para bebés

висеће играчке

el juego de mesa

друштвене игре

los dados

коцка

el circuito de tren eléctrico

минијатурна жељезница

el maniquí

дуда

la fiesta

забава

el álbum de fotos

сликовница

la pelota

лопта

la muñeca

лутка

jugar

играти

el cajón de arena

пешчаник

el columpio

љуљачка

los juguetes

играчка

la videoconsola

конзола за игре

el triciclo

трицикл

el oso de peluche

теди

la guardarropa

ормар

la ropa

одећа

los calcetines

кратке чарапе

las medias

чарапе

los leotardos

хулахопке

la bufanda
шал

el paraguas
кишобран

la camiseta
мајица

el cinturón
каиш

las botas
чизме

las zapatillas
папуче

las deportivas
патике

las sandalias
....
сандале

los zapatos
....
ципеле

las botas de goma
....
гумене чизме

el slip
....
гаћице

el sostén
....
грудњак

el chaleco
....
поткошуља

el bodi

боди

los pantalones cortos

панталоне

los vaqueros

фармерке

la falda

сукња

la blusa

блуза

la camisa

кошуља

el jersey

џемпер

el suéter

џемпер с капуљачом

el blazer

сако

la chaqueta

јакна

el abrigo

мантил

la gabardina

кабаница

el traje

костим

el vestido

хаљина

el vestido de novia

венчаница

el traje

одело

el camisón

спаваћица

el pijama

пиџама

el sati

сари

el bandana

марама за главу

el turbante

турбан

la burka

бурка

el caftán

кафтан

la abaya

абаја

el traje de baño

купаћи костим

el bañador

купаће гаћице

los pantalones cortos

кратке панталоне

el chándal

одећа за тренинг

el delantal

кецеља

los guantes

рукавице

el botón
....
дугме

las gafas
....
наочаре

el brazalete
....
наруквица

el collar
....
огрлица

el anillo
....
прстен

el pendiente
....
наушница

la gorra
....
капа

la percha
....
вешалица

el sombrero
....
шешир

la corbata
....
кравата

la cremallera
....
патент затварач

el casco
....
кацига

los tirantes
....
нараменице

el uniforme
....
школска униформа

el uniforme
....
униформа

el babero

подбрадак

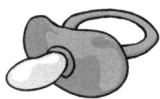

el maniquí

дуда

el pañal

пелена

la oficina
канцеларија

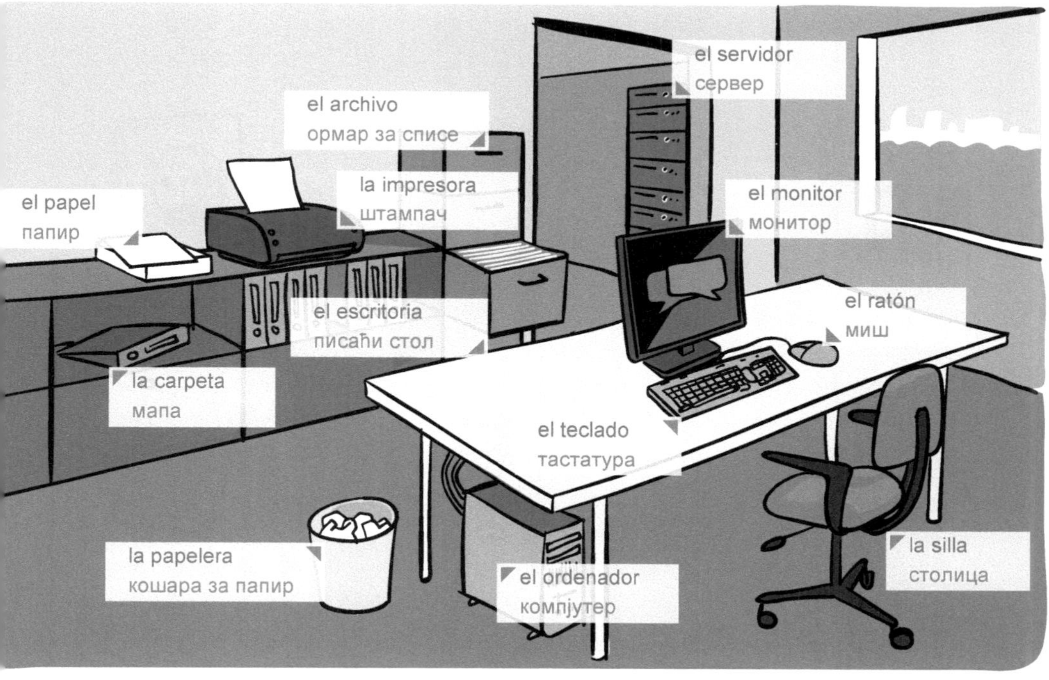

el servidor
сервер

el archivo
ормар за списе

la impresora
штампач

el papel
папир

el monitor
монитор

el escritoria
писаћи сто

el ratón
миш

la carpeta
мапа

el teclado
тастатура

la papelera
кошара за папир

el ordenador
компјутер

la silla
столица

la taza de café

шалица за каву

la calculadora

калкулатор

el internet

интернет

el portátil

лаптоп

la carta

писмо

el mensaje

порука

el móvil

мобилни телефон

la red

мрежа

la fotocopiadora

уређај за копирање

el software

софтвер

el teléfono

телефон

la toma de corriente

утичница

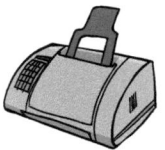

el fax

факс

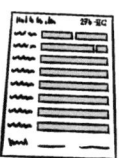

el formulario

формулар

el documento

документ

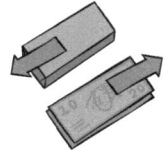

comprar

куповати

pagar

платити

comerciar

трговати

el dinero

новац

el dólar

долар

el euro

евро

el yen

јен

el rublo

рубља

el franco suizo

швајцарски франак

el renminbi yuan

ренминдби јуан

la rupia

рупија

el cajero automático

аутомат за новац

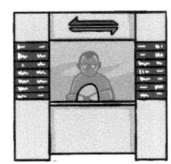

la oficina de cambio de
divisas
мењачница

el oro
злато

la plata
сребро

el petróleo
нафта

la energía
енергија

el precio
цена

el contrato
уговор

el impuesto
порез

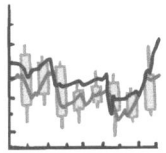

la acción
деонице

trabajar
радити

el empleador
службеник

el empleador
послодавац

la fábrica
фабрика

la tienda de campaña
продавница

los oficios

занимања

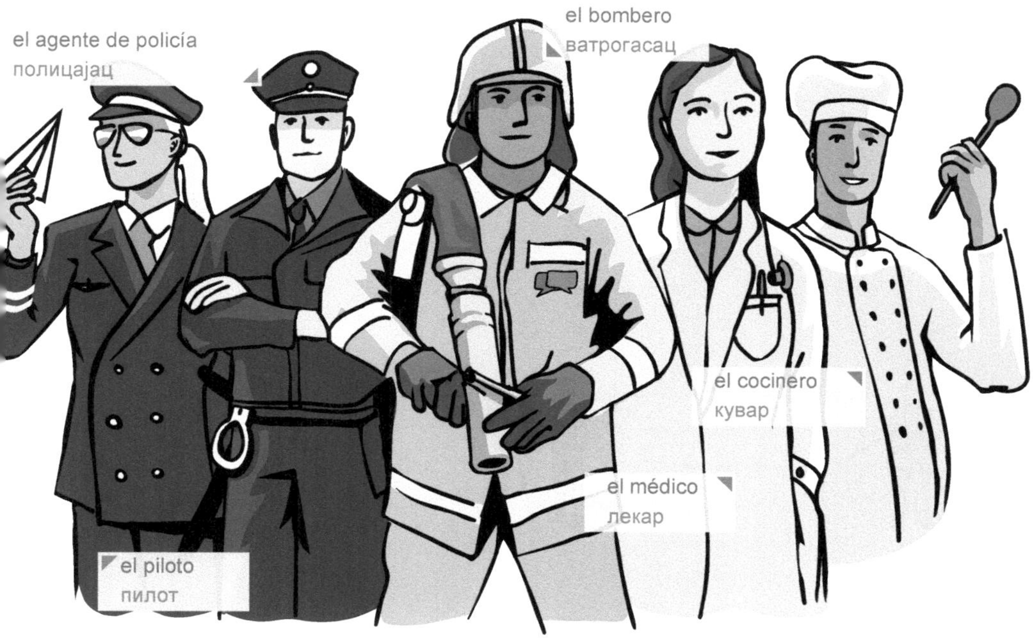
el agente de policía
полицајац
el bombero
ватрогасац
el cocinero
кувар
el médico
лекар
el piloto
пилот

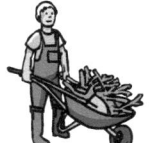

el jardinero

вртлар

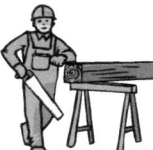

el carpintero

столар

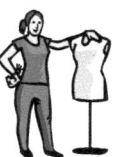

la costurera

кројачица

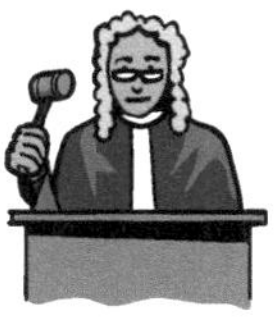

el juez

судија

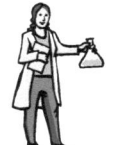

el farmacéutico

хемичар

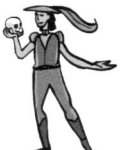

el actor

глумац

el conductor de autobús

возач аутобуса

el taxista

возач таксија

el pescador

рибар

la señora de la limpieza

чистачица

el techador

кровопокривач

el camarero

конобар

el cazador

ловац

el pintor

сликар

el panadero

пекар

el electricista

електричар

el obrero

грађевински радник

el ingeniero

инжењер

el carnicero

месар

el fontanero

лимар

el cartero

поштар

el soldado

војник

el arquitecto

архитекта

el cajero

благајник

el florista

цвећар

el peluquero

фризер

el revisor

кондуктер

el mecánico

механичар

el capitán

капетан

el dentista

зубар

el científico

научник

el rabino

раби

el imán

имам

el monje

монах

el sacerdote

свећеник

las herramientas

алати

el martillo
чекић
los alicates
клешта
el destornillador
одвијач
la linterna
џепна лампа
la llave
кључ за завртње

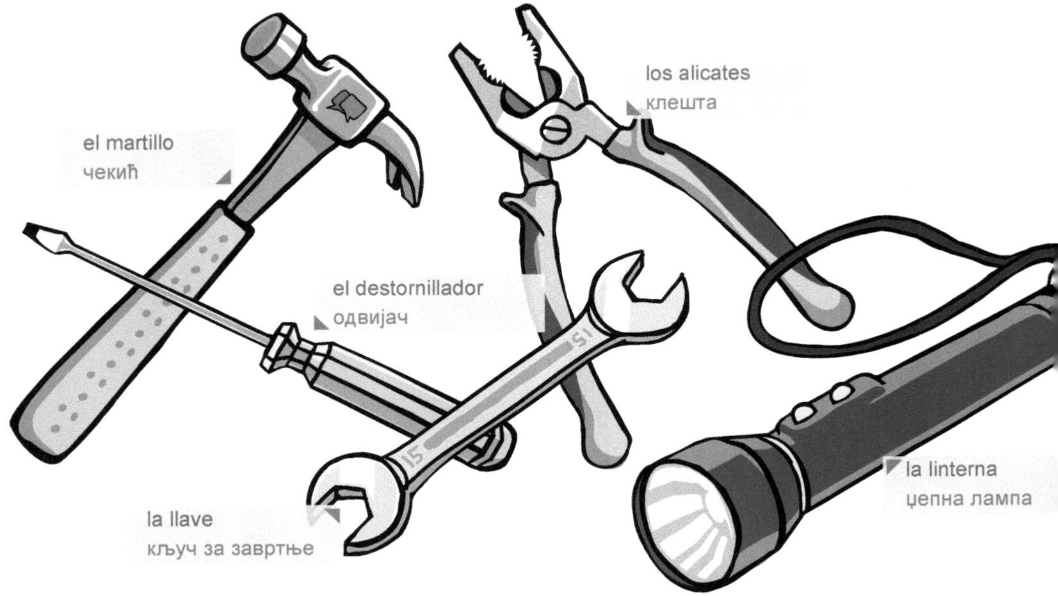

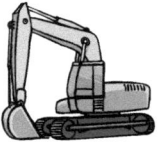

la excavadora

багер

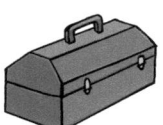

la caja de herramientas

кутија за алат

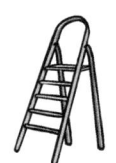

la escalera de mano

мердевине

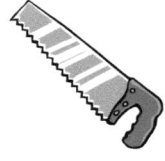

la sierra

пила

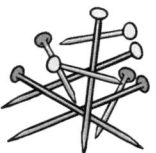

los clavos

ексер

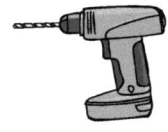

el taladro

бушилица

reparar

поправити

la pala

лопата

¡Maldita sea!

до ђавола!

el recogedor

лопатица

el bote de pintura

лонац за боју

los tornillos

завртањи

los instrumentos musicales

музички инструмент

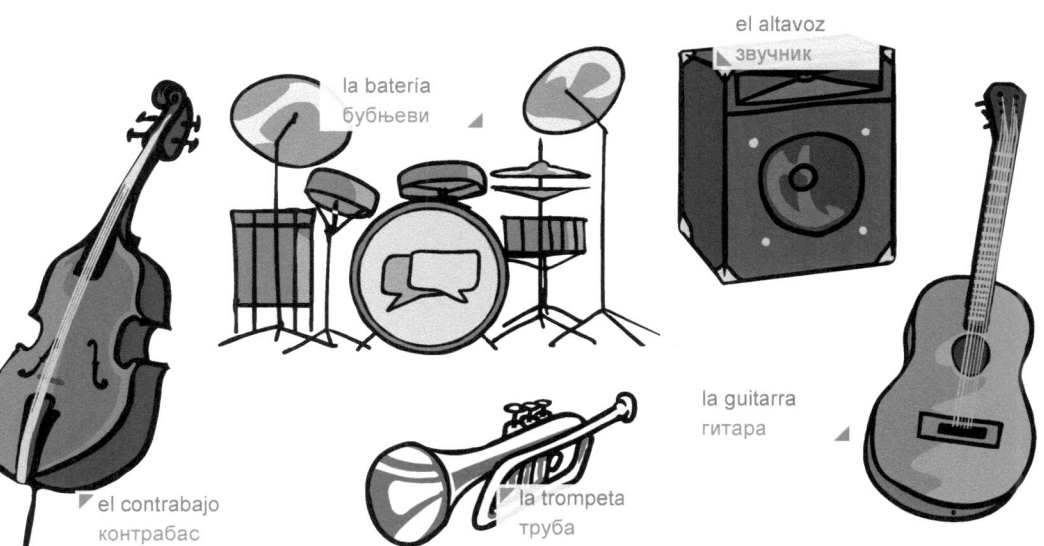

el altavoz
звучник

la batería
бубњеви

la guitarra
гитара

el contrabajo
контрабас

la trompeta
труба

el piano

клавир

el violín

виолина

bajo

бас

los timbales

тимпани

el tambor

удараљке за бубњеве

el teclado

типке клавира

el saxofón

саксофон

la flauta

флаута

el micrófono

микрофон

los instrumentos musicales - музички инструмент

el zoo

зоолошки врт

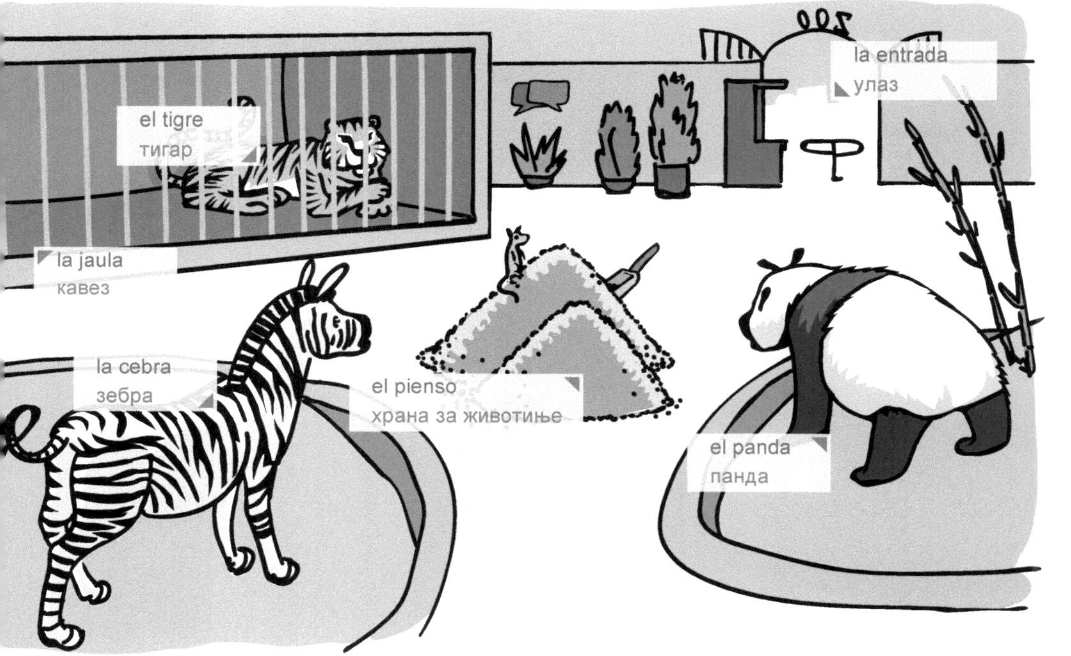

la entrada
улаз
el tigre
тигар
la jaula
кавез
la cebra
зебра
el pienso
храна за животиње
el panda
панда

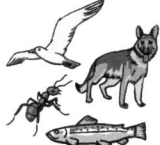

los animales

животиње

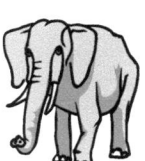

el elefante

слон

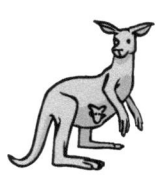

el canguro

кенгур

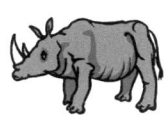

el rinoceronte

носорог

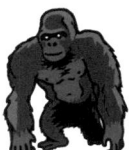

el gorila

горила

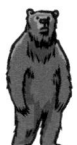

el oso

медвед

el camello

камила

el avestruz

ној

el león

лав

el mono

мајмун

el flamingo

фламинго

el loro

папагај

el oso polar

поларни медвед

el pingüino

пингвин

el tiburón

ајкула

el pavo real

паун

la serpiente

змија

el cocodrilo

крокодил

el guardián de zoológico

чувар у зоолошком врту

la foca

туљан

el jaguar

јагуар

el poni

пони

el leopardo

леопард

el hipopótamo

нилски коњ

la jirafa

жирафа

el águila

орао

el jabalí

дивља свиња

el pescado

риба

la tortuga

корњача

la morsa

морж

el zorro

лисица

la gacela

газела

el fútbol americano
амерички ногомет

el ciclismo
бициклизам

el tenis
тенис

el baloncesto
кошарка

la natación
пливање

el boxeo
бокс

el hockey sobre hielo
хокеј на леду

el fútbol
фудбал

el bádminton
бадминтон

el atletismo
атлетика

el balonmano
рукомет

el esquí
скијање

el polo
поло

las actividades
активности

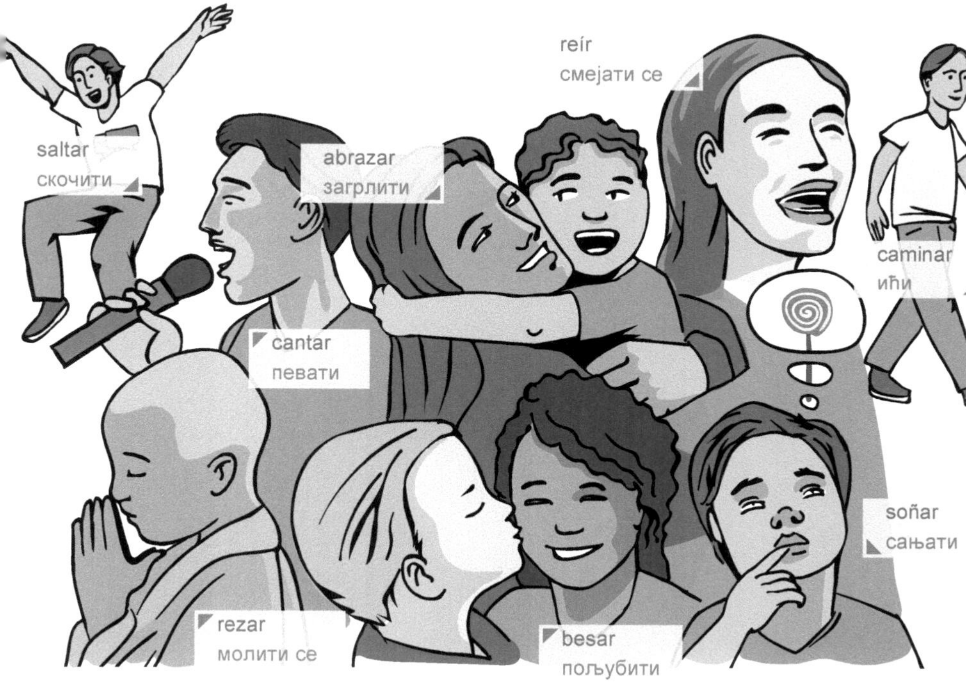
reír
смејати се
saltar
скочити
abrazar
загрлити
caminar
ићи
cantar
певати
soñar
сањати
rezar
молити се
besar
пољубити

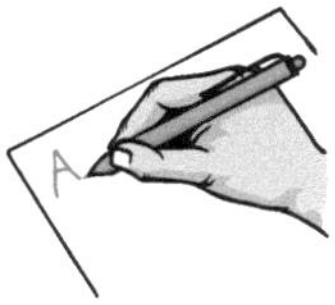

escribir

писати

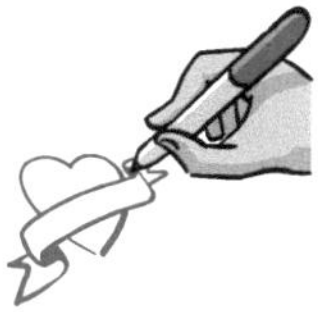

dibujar

цртати

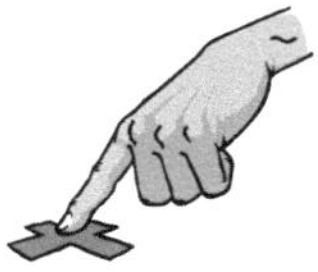

mostrar

показати

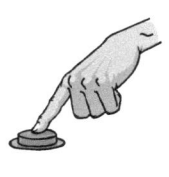

empujar

гурати

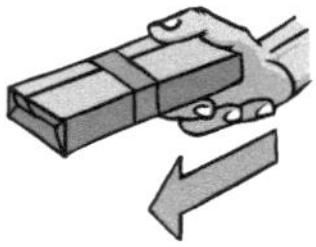

dar

дати

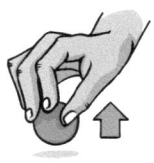

tomar

узети

tener

имати

hacer

чинити

ser

бити

estar de pie

стојати

correr

трчати

tirar

повлачити

tirar

бацити

caer

падати

yacer

лежати

esperar

чекати

llevar

носити

estar sentado

седити

vestirse

облачити

dormir

спавати

despertar

пробудити се

mirar

гледати

llorar

плакати

acariciar

миловати

peinar

чешљати

hablar

говорити

entender

разумети

preguntar

питати

escuchar

слушати

beber

пити

comer

јести

ordenar

поспремити

amar

волети

cocinar

кухати

conducir

возити

volar

летети

navegar

пловити

calcular

рачунати

leer

читати

aprender

учити

trabajar

радити

casarse

венчати се

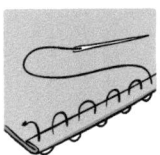

coser

шити

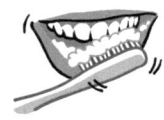

cepillarse los dientes

прати зубе

matar

убити

fumar

пушити

enviar

послати

la abuela
бака

el abuelo
деда

el padre
отац

la madre
мајка

el bebé
беба

la hija
ћерка

el hijo
син

el invitado
гост

la tía
тетка

el tío
ујак, стриц

el hermano
брат

la hermana
сестра

el cuerpo
тело

la frente
чело
el ojo
око
el hombro
раме
el dedo
прст
la cara
лице
la barbilla
брада
la mano
рука
la pierna
нога
el pecho
груди
el brazo
рука

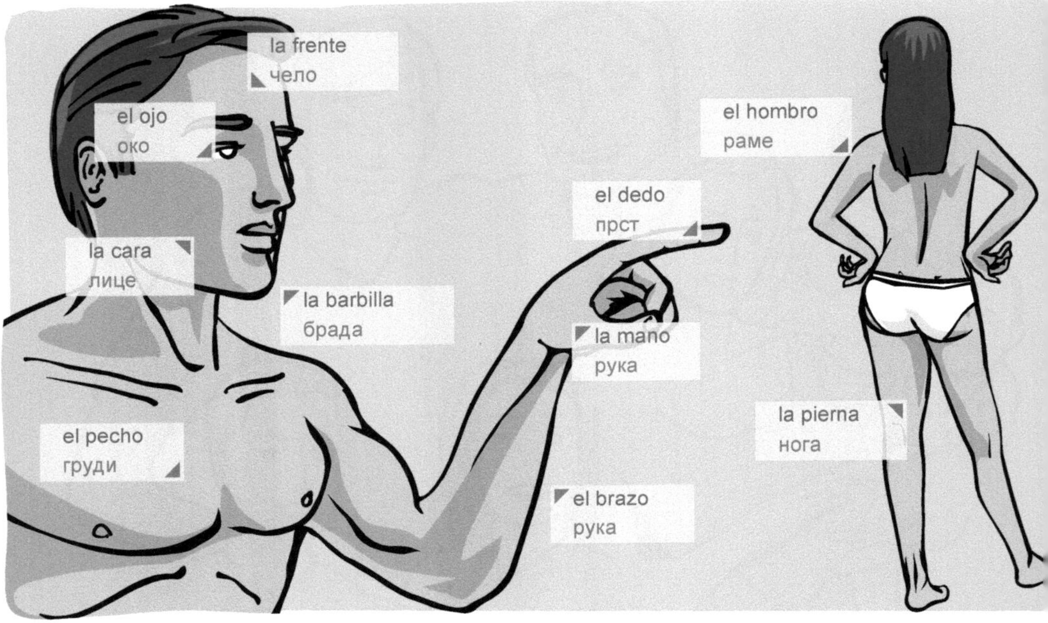

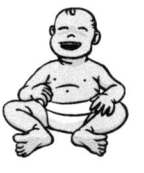

el bebé

беба

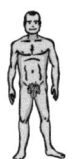

el hombre

мушкарац

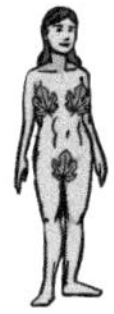

la mujer

жена

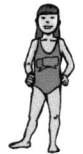

la chica

девојчица

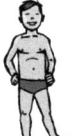

el chico

дечак

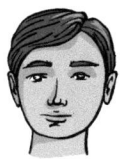

la cabeza

глава

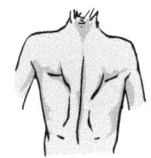

la espalda
....
леђа

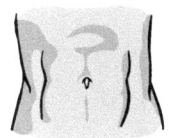

el vientre
....
стомак

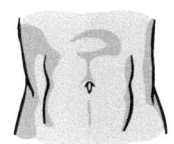

el ombligo
....
пупак

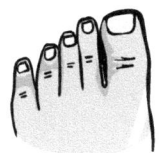

el dedo del pie
....
ножни прст

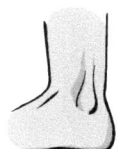

el talón
....
пета

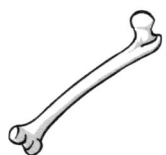

el hueso
....
кост

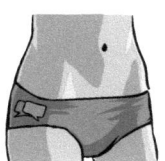

la cadera
....
кукови

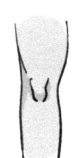

la rodilla
....
колено

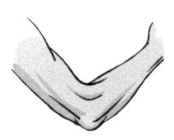

el codo
....
лакат

la nariz
....
нос

el trasero
....
задњица

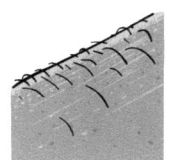

la piel
....
кожа

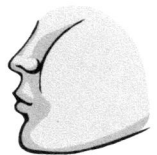

la mejilla
....
образ

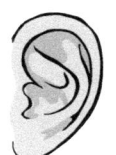

el oído
....
уво

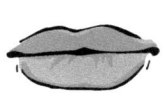

el labio
....
усна

el cuerpo - тело

la boca

уста

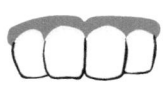

el diente

зуб

la lengua

језик

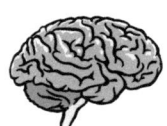

el cerebro

мозак

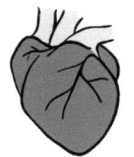

el corazón

срце

el músculo

мишић

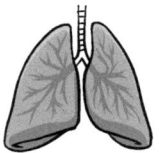

el pulmón

плућа

el hígado

јетра

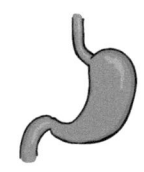

el estómago

желудац

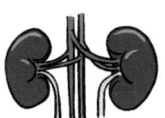

los riñones

бубрези

el sexo

полни однос

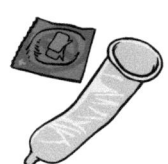

el condón

кондом

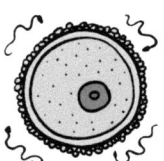

el ovario

јајна ћелија

el semen

сперма

el embarazo

трудноћа

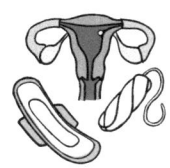

la menstruación

менструација

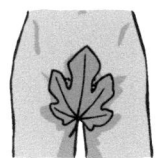

la vagina

вагина

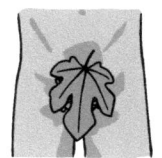

el pene

пенис

la ceja

обрва

el pelo

коса

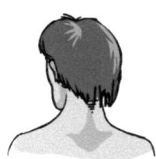

el cuello

врат

el hospital
болница

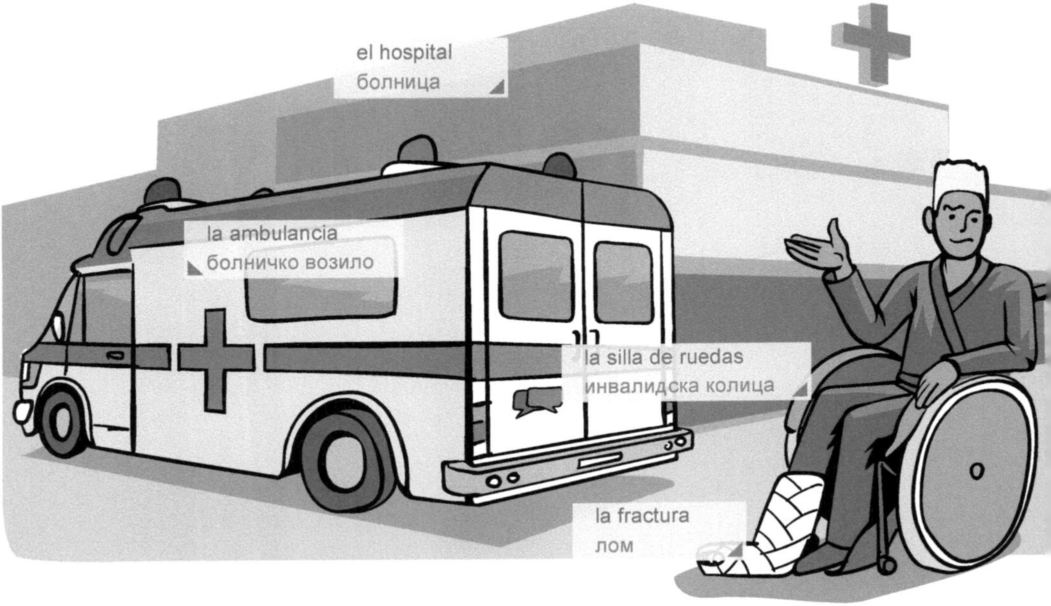

el hospital
болница
la ambulancia
болничко возило
la silla de ruedas
инвалидска колица
la fractura
лом

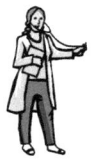

el médico

лекар

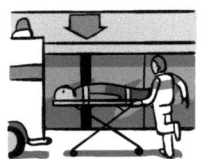

la sala de urgencias

хитна медицинска служба

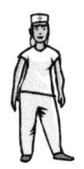

la enfermera

медицинска сестра

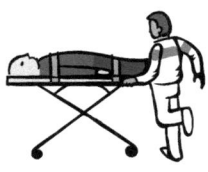

la urgencia

хитни случај

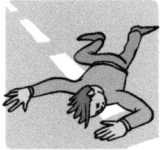

inconsciente

несвест

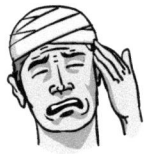

el dolor

бол

la lesión
повреда

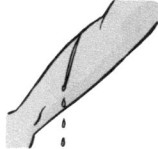

la hemorragia
крварење

el infarto
срчани удар

el ictus
удар

la alergia
алергија

la tos
кашаљ

la fiebre
грозница

la gripe
грипа

la diarrea
пролив

el dolor de cabeza
главобоља

el cáncer
рак

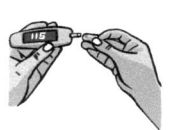

la diabetes
дијабетес

el cirujano
хирург

el bisturí
скалпел

la operación
операција

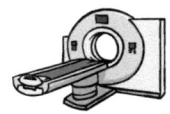

TAC

цт

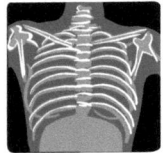

los rayos x

рентген

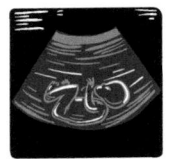

el ultrasonido

ултразвук

la mascarilla

маска

la enfermedad

болест

la sala de espera

чекаона

la muleta

штака

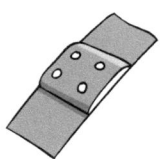

la tirita

фластер

la venda

завоj

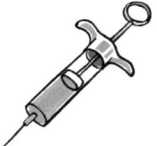

la inyección

ињекција

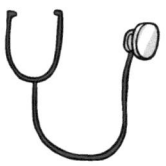

el estetoscopio

стетоскоп

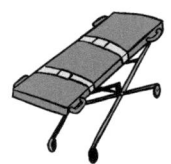

la camilla

носила

el termómetro

термометар

el nacimiento

рођење

el sobrepeso

прекомерна тежина

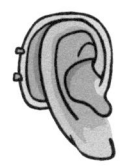

el audífono

слушни апарат

el desinfectante

средство за дезинфекцију

la infección

инфекција

el virus

вирус

VIH / SIDA

хив / аидс

la medicina

медицина

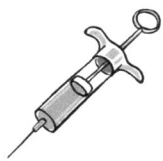

la vacunación

вакцинација

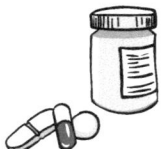

las tabletas

таблете

la pastilla

пилула

la llamada de urgencia

хитни позив

el tensiómetro

уређај за мерење
притиска

enfermo / sano

болесно / здраво

¡Socorro!

помоћ!

la alarma

аларм

el asalto

насртај

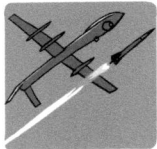

el ataque

напад

el peligro

опасност

la salida de emergencia

излаз у случају нужде

¡Fuego!

пожар!

el extintor de incendios

противпожарни апарат

el accidente

незгода

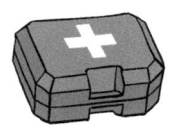

el botiquín de primeros auxilios

кутија прве помоћи

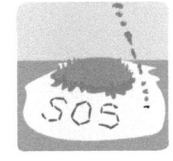

SOS

сос

la policía

полиција

Europa

Европа

Norteamérica

Северна Америка

Sudamérica

Јужна Америка

África

Африка

Asia

Азија

Australia

Аустралија

el atlántico

Атлантик

el Pacífico

Пацифик

el Océano Índico

Индијски океан

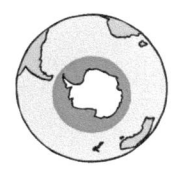

el Océano Antártico

Антарктички океан

el Océano Ártico

Арктички океан

el polo norte

Северни рол

el polo sur

Јужни рол

La Antártida

Антарктик

la tierra

земља

la tierra

земља

el mar

море

la isla

оток

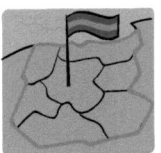

la nación

нација

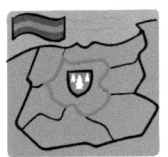

el estado

држава

la esfera

бројчаник сата

la manecilla de las horas

сатна казаљка

el minutero

минутна казаљка

el segundero

секундна казаљка

¿Qué hora es?

Колико је сати?

el día

дан

el tiempo

време

ahora

сада

el reloj digital

дигитални сат

el minuto

минута

la hora

час

la semana
седмица

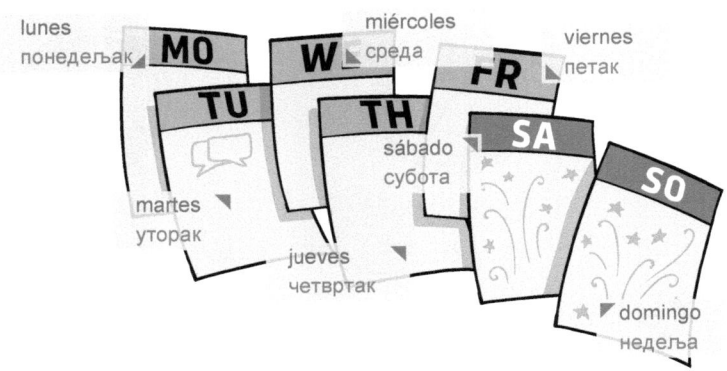

lunes
понедељак

martes
уторак

miércoles
среда

jueves
четвртак

viernes
петак

sábado
субота

domingo
недеља

ayer

јуче

hoy

данас

mañana

сутра

la mañana

јутро

el mediodía

подне

la tarde

вече

los días laborables

радни дани

el fin de semana

викенд

la lluvia
киша

el arcoíris
дуга

la nieve
снег

el viento
ветар

la primavera
пролеће

el verano
лето

el otoño
јесен

el invierno
зима

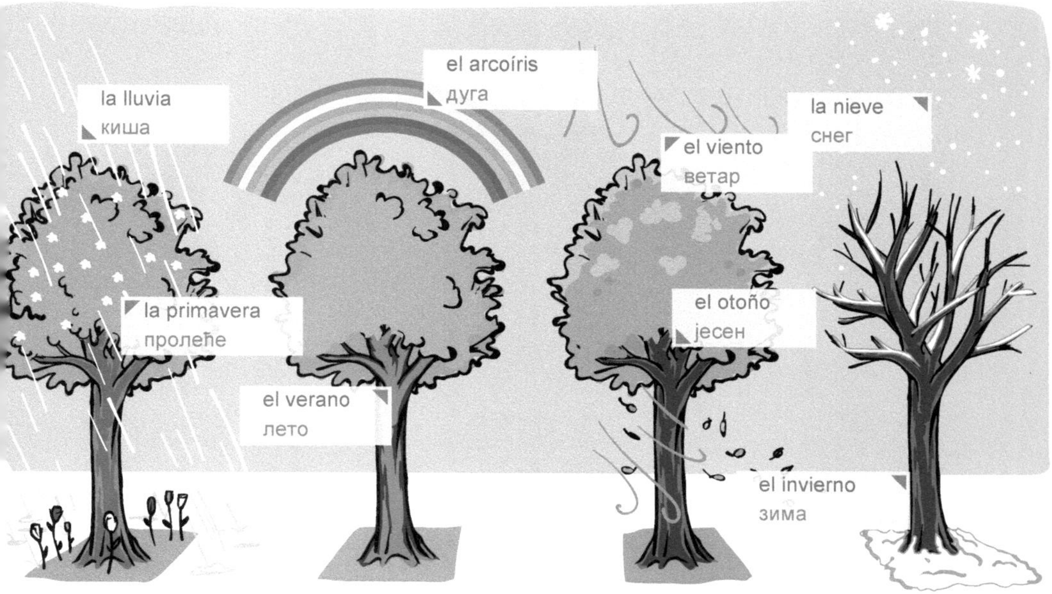

el pronóstico del tiempo

метеоролошка прогноза

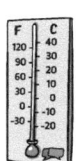

el termómetro

термометар

el sol

сунчана светлост

la nube

облак

la niebla

магла

la humedad

влажност ваздуха

el rayo

муња

el trueno

грмљавина

la tormenta

олуја

el granizo

туча

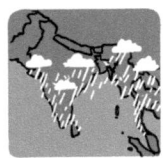

el monzón

монсун

la inundación

поплава

el hielo

лед

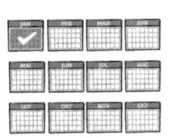

enero

јануар

febrero

фебруар

marzo

март

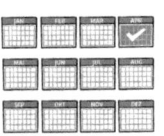

abril

април

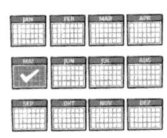

mayo

мај

junio

јуни

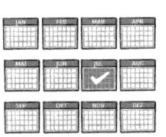

julio

јули

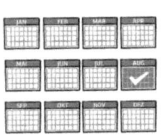

agosto

август

septiembre

септембар

octubre

октобар

noviembre

новембар

diciembre

децембар

las formas

облици

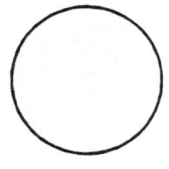

el círculo

круг

el cuadrado

квадрат

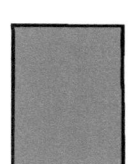

el rectángulo

правоугао

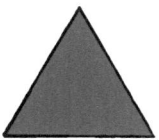

el triángulo

троугао

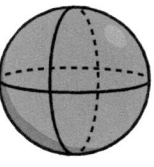

la esfera

кугла

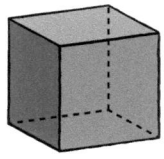

el cubo

коцка

blanco

бела

amarillo

жута

anaranjado

наранџаста

rosa

ружичаста

rojo

црвена

morado

љубичаста

azul

плава

verde

зелена

marrón

смеђа

gris

сива

negro

црна

mucho / poco

много / мало

enojado / tranquilo

љутито / мирно

bonito / feo

лепо / ружно

principio / fin

почетак / крај

grande / pequeño

велико / малено

claro / oscuro

светло / тамно

el hermano / la hermana

брат / сестра

limpio / sucio

чисто / прљаво

completo / incompleto

потпуно / непотпуно

el día / la noche

дан / ноћ

muerto / vivo

мртво / живо

ancho / estrecho

широко / уско

comestible / no comestible

јестиво / нејестиво

malo / amable

зло / добро

entusiasmado / aburrido

узбуђено / досадно

gordo / delgado

дебело / мршаво

primero / último

на почетку / на крају

el amigo / el enemigo

пријатељ / непријатељ

lleno / vacío

пуно / празно

duro / blando

тврдо / мекано

pesado / ligero

тешко / лагано

el hambre / la sed

глад / жеђ

enfermo / sano

болесно / здраво

ilegal / legal

илегално / легално

inteligente / tonto

паметно / глупо

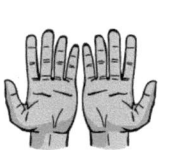

izquierda / derecha

лево / десно

cerca / lejos

близу / далеко

nuevo / usado

ново / половно

nada / algo

ништа / нешто

viejo / joven

старо / младо

encendido / apagado

укључено / искључено

abierto / cerrado

отворено / затворено

silencioso / ruidoso

тихо / гласно

rico / pobre

богато / сиромашно

correcto / incorrecto

тачно / погрешно

áspero / suave

храпаво / глатко

triste / contento

тужно / сретно

corto / largo

кратко / дуго

lento / rápido

полако / брзо

húmedo / seco

мокро / сухо

cálido / frío

топло / хладно

guerra / paz

рат / мир

0

cero

нула

1

uno

један

2

dos

два

3

tres

три

4

cuatro

четири

5

cinco

пет

6

seis

шест

7

siete

седам

8

ocho

осам

9

nueve

девет

10

diez

десет

11

once

једанаест

12

doce

дванаест

13

trece

тринаест

14

catorce

четрнаест

15

quince

петнаест

16

dieciséis

шестнаест

17

diecisiete

седамнаест

18

dieciocho

осамнаест

19

diecinueve

деветнаест

20

veinte

двадесет

100

cien

стотину

1.000

mil

хиљаду

1.000.000

el millón

милион

el inglés

енглески

el inglés americano

амерички енглески

el chino madarín

мандарински кинески

el hindi

хиндски

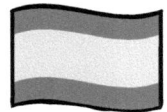

el español

шпански

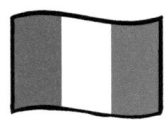

el francés

француски

el árabe

арапски

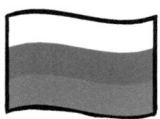

el ruso

руски

el portugués

португалски

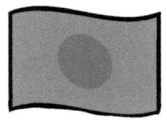

el bengalí

бенгалски

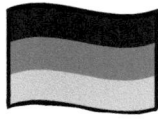

el alemán

немачки

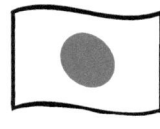

el japonés

јапански

yo

ja

tú

ти

él / ella / ello

он / она / оно

nosotros/as

ми

vosotros/as

ви

ellos/as

они

¿quién?

Ко?

¿qué?

Шта?

¿cómo?

Како?

¿dónde?

Где?

¿cuándo?

Када?

el nombre

име

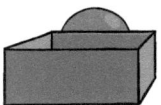

detrás

иза

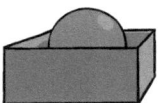

en

у

delante de

испред

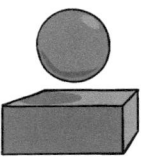

por encima de

преко

sobre

на

debajo de

испод

junto a

поред

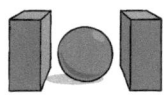

entre

између

el lugar

место